Harck Olufs aus der Insul Amron im Stifte Ripen in Jütland, gebürtig, sonderbare Avanturen, so sich mit ihm insonderheit zu Constantine und an andern Orten in Africa zugetragen.

Hark Oluf, Otto Riese

(Translator: Hermann Noodt)

Alpha Editions

This edition published in 2022

ISBN : 9789356710290

Design and Setting By
Alpha Editions
www.alphaedis.com
Email - info@alphaedis.com

Harck Olufs aus der Insul Amron im Stifte Ripen in Jütland, gebürtig, sonderbare Avanturen, so sich mit ihm insonderheit zu Constantine und an andern Orten in Africa zugetragen.

Da es dem HErrn gefallen, mich, vor vielen tausend andern Menschen, auf sonderbare Weise zu führen, hat man von mir verlanget, daß die seltsame Begebenheiten, so mir wiederfahren, ihrer Merckwürdigkeit wegen mögten in die Feder gefaßt und dem Drucke überlieffert werden, damit selbige hinkünftig zu einem Beweise dienen könnten, wie wunderbarlich GOtt die Kinder der Menschen führe, und daß er auch nach seinem Wohlgefallen, das Hertze eines Unchristen zur Barmhertzigkeit neigen könne.

Im Jahr 1708 den 19 Julii erblickte ich zuerst das Licht dieser Welt, auf einer kleinen Insul Amrom genannt, so in der West-See liegt, und zum Stifte Ripen in Jütland gehöret. Wie meine Landes-Leute ihre Nahrung von der See haben, so bin ich auch in Zeiten, von meinem zwölfften Jahre an, beflissen gewesen, dereinst einen tüchtigen See-Mann abzugeben; Ich habe bis ins dritte Jahr eine und andere Reise gethan, da ich zugleich mit dreyen meiner Landes-Leute, **Richard Flor**, **Jens Nikelsen** und **Hark Nikelsen**, **Jürgen Oksen** von **Föhr**, und dreyen vom Elbstrom, mich bey der Stelle im Canal, so **Sordels** genannt wird, den 10 Martii 1724 von einem türckischen Caper muste gefangen nehmen und nach **Algier** schleppen lassen. Ich wurde auf dem Marckte für 1000 **Cartuches**, oder 1000 Marck Lüb. verkauft, den Tag aber hernach überließ mich mein Kauffmann an einen andern mit 100 Cartuchers Profit. Bey diesem Herrn war ich ohngefehr 14 Tage, und war meine Arbeit, eins und das andere im Garten zu bestellen, ingleichen Maulbeer-Blätter für meines Patrons Seiden-Würmer einzusammlen, und hiernächst Wasser zu tragen und das Hauß rein zu halten. Indem aber der Constantinische **Bey**, mit Nahmen **Assin**, seinen Commißionair zu **Algier** hatte, Sclaven einzukauffen, bekam er Lust zu mir, und mein Patron überließ mich ihm für 450 Stück von Achten. Dieser Bey **Assin** kan wie ein kleiner König angesehen werden, dessen Haupt-Stadt **Constantine**, eine ansehnliche Stadt und Vestung ist, und nach meiner Muthmaßung 12

Tage-Reisen oder 60 Meilen von **Algier** gegen Süden liegt. So viel ich weiß, stand er auf keine Weise unter dem Groß-Sultan, sondern er war Souverain in seinem Lande; er war, wie ich in seine Dienste trat, schon ein Herr von hohem Alter, hitzigen Kopfs und gesunder Complexion; er war beherzt und hatte eine gute Kriegs-Erfahrung, indem er vorher, und stets bey meiner Zeit, mit seiner Armee zu Felde lag, und zum öftern mit seinen Nachbaren Streitigkeiten hatte. Einen Monat hielte er sich zum wenigsten in jedem Jahr zu **Constantine** auf. Er hatte zwey Weiber, so von mehr als 40 Bedienten Männern und Weibern, unter welchen 4 Verschnittene zu Cammerdienern bestellet waren, aufgewartet wurden. Er selbst ließ sich, von 30 bis 40 Laquaien, wovon die Hälffte Renegaten, und hernach mit den besten Bedienungen im Lande abgefunden wurden, bedienen.

Ich muß hier, ehe ich weiter gehe, mit wenigen Worten etwas von den Eigenschaften des Landes, hiernächst der Nation und endlich von meinem eigenen Schicksal melden. Das Land ist voller Klippen, wovon einige so hoch, daß sie stets mit Schnee bedeckt sind, obschon das Land unten an denen Klippen so heiß ist, daß wann die Cameelen hievon im Anfang gantze Trachten herunter brachten, doch der Schnee meistens, bis auf kleine Klumpen zerschmoltzen, ehe sie am Fuß der Klippen gekommen. Sonst ist das Land sehr fruchtbar, und trägt allerley Korn, Trauben, Mandeln, Datteln, Feigen, Granat-Aepffel, Wasser-Limonien &c: doch mit dem Unterscheide, daß die eine Provintz besser in einem, und eine andere in anderen Dingen ist, und müssen beständig von allen Städten Lieferungen geschehen zum Lager, wo der König sich mit seinen Königinnen aufhält. Es wird sehr feine Wolle, wie auch Wachs und Honig aus dem Lande verführt, verschiedener Apothecker-Waaren, rarer Felle von Löwen, Tygern und dergleichen zu geschweigen. Ob andere Metallen als Bley ausgegraben werden, weiß ich nicht. Für diejenigen, so im Lande gebohren, muß die Luft sehr gesund seyn, indem es nichts ungewöhnliches, daselbst Leute zu sehen von 100 und 120 Jahren und darüber. Man bemercket dann und wann Erdbeben und viel Gewitter, sonderlich im Sommer. Ausser freßigen wilden Thieren, als Löwen, Tygern und dergleichen, welche oft Menschen angreiffen, haben die Einwohner viele Plage von unterschiedenen Arten giftiger Schlangen, doch am meisten von Scorpionen, so in gewissen Gegenden in solcher Menge gefunden werden, daß man kaum einen Stein von der Erde aufheben kan, worunter nicht ein oder zweene liegen sollten. Hiezu kommen auch die verdrießliche Mücken und Fliegen, welche die Schlafenden sehr verunruhigen.

Das Land wird von Türcken und Mohren, welche letztere beydes weiß und schwartz fallen, bewohnt: Ihre Sprache ist von der Türckischen unterschieden, und nennen sie solche Arabisch, aber beede Nationen, so unter der Herrschafft vorgemeldten **Beys** gehören, werden mit einem Nahmen *Schirck* genannt, welcher so viel sagen will, als das Volck, so gegen Süden wohnet. In der Religion, sind die Mohren nicht viel von den Türcken, ausgenommen etwas in den Ceremonien, unterschieden. Ich muß auch den Türcken überhaupt den Ruhm geben, daß sie aufrichtiger als die Mohren, also daß, was den Umgang betrifft, unter den Türcken insgemein eben so viele Ehrlichkeit, als unter uns Christen, angetroffen werde. In ihrer falschen Religion sind sie eifrig, und soll kaum jemand gefunden werden, der vorsetzlich wider die Dinge handeln sollte, welche sie für die Pflicht eines Mahometaners halten. Sobald der Tag grauet, wird von einem Thurm oder anderem erhabenen Orte, von dem der hierzu bestellet, wann er einen Finger in jedes Ohr gestecket, geruffen: *Eschet velej elej lala. Eschet enne Mahammet arasu lala ella velun Zelleth, ala hoat warth, ala hoat warth.* Hierauf steht jedermann auf, und nachdem sie die Hände bis an die Ellenbogen und die Füsse bis an die Enckel gewaschen, den Mund und die Nase gereiniget, und zugleich mit der verkehrten Hand das Angesicht und hinter den Ohren gestrichen, wird ihr gewöhnliches Gebet, so 5 mal des Tages, und zum ersten mal vor Aufgang der Sonne verrichtet wird, gehalten. Die Worte lauten in der Arabischen Sprache also: *Al ham dilola Robbi laïro min rachmana rachim mänik jumidin, jäken abeddo, jäken estohiim tokino soratin lädino en en dalohiim al ham dilolah robbi läiro mìn.* Sie stehn in den Gedancken, daß nicht leicht ein Türcke verdammt werde. Von Christo, den sie *Eisa* und die Jungfer Maria, so sie *Lella Maria* nennen, reden sie mit Ehrerbietigkeit, von dem Teufel aber, als von einem solchen, der böses thut. Ihre Beschneidung wird zuerst in dem vierten, fünften, ja sechsten Jahr vorgenommen. Schweinefleisch essen sie nicht, auch trinckt kein Mahometaner Wein oder anderes starckes Getrăncke, sondern an deren Stelle entweder Wasser oder **Schorbet**, welches ein Wasser, das mit Rosinen gekocht ist, und auf unterschiedliche Art kan zubereitet werden. Ihre Fast-Tage, **Ramadam** genannt, werden jedes Jahr einen gantzen Monat gehalten, da man des Tages über nichts genießt, hingegen des Nachts ißt und trincket. In den letzten Jahren kunte mein Patron nicht vertragen zu fasten, sondern aß heimlich ein wenig. Ihre Todten werden in Leinewand gewickelt und also in die Erde gelegt. Die Mohren stimmen gemeiniglich ein Klage-Lied über ihre Todten an, da beedes Männer und Weiber sich mit ihren Nägeln auf das Kinn und vor der Stirne ritzen. Wann sie sich verheyrathen, bekommt der Bräutigam seine Braut nicht vorher zu sehen, sondern wann er mit seinen Gästen am Hochzeit-Tage gegessen und getruncken, wobey zuweilen auf einer Cither gespielet wird, wird er in das Frauenzimmer Gemach geführet, woselbst die Braut zugleich mit andern Weibern, so alle das Angesicht verhüllet, befindlich, ihm aber wird ein Zeichen gegeben, woran er die Braut erkennen kan. Zu ihr geht er dann hin und nimmt das Geld, so er zur Morgen-Gabe geben will und kan, in einem Schnupftuch, giebt ihr damit einen Streich, und geht hierauf in die Schlaf-Kammer. Sie folget nach, er fragt sie hierauf zweyenmal um ihren Nahmen? aber sie antwortet nicht, bis er zum drittenmal fragt; hierauf wirfft er das Schnupftuch mit dem Gelde auf die Tiele, und breitet einen kleinen Teppich auf den Boden, tritt darauf und verrichtet sein Gebet. Die Braut leget inzwischen die Kleider ab und geht zu Bette, und er folget nach. Die meisten Weiber sind sehr jung, wann sie sich verheyrathen. Im Essen und Trincken leben die Türcken, wie ich erfahren habe, sparsam; es werden nicht viele Gerichte aufgetragen, vielerley Arten Früchte aber bey der Mahlzeit aufgesetzet. Sie speisen des Morgens zuerst eine Art Gebackenes, hierauf trinckt man Caffe, (der Thee wird nicht geachtet) um 10 Uhr speißt man zu Mittage, hierauf ruhet man einige Stunden, und speißt wiederum des Nachmittags ohngefehr gegen 4 Uhr.

Was nun insbesondere meine Schicksale angehet, so habe ich erstlich drittehalb Jahr bey diesem meinem Patron als Laquai gedienet, und wie ich in dieser Zeit *Lingua Franca*, wie auch die Türckische und Arabische Sprache erlernte, und nach und nach in denen Dingen, so vorfielen, geübet wurde, so erweckte mir GOtt Gnade bey meinem Patron, also daß er jederzeit große Gewogenheit gegen mich hegte. Er vertrauete mir das Amt an, welches von großer Wichtigkeit und *Gassenadahl* oder *Gasnadi* benannt wird, nach der Redens-Art aber unseres Landes **Ober-Caßirer** heißt. Ich bekleidete dieses Amt erstlich in 4 Jahren, und mein jährlicher Gehalt war 1700 Stück von Achten, ausser was mir an Lande, Cameelen, Schafen, und dergleichen gehörete. Zween Schreibern, so stets bey mir waren, gab mein Patron die Besoldung, zwantzig Bedienten aber und bisweilen darüber, reichte ich selbsten den Lohn. Dreymal im Jahr hatte ich eine reichlich mit Gold und Silber gestickte Montur. Ausser dieser meiner Bestallung, wurde mir annoch ein Commando von 500 Pferden anvertrauet, dann ich hatte annoch als Caßirer, bey unterschiedenen Gelegenheiten, gegebener Ordre nach, eine Art Bravoure, so meinem Patron gefallen, bewiesen, obschon meine Tapferkeit im Grunde eher eine Verwegenheit, als ein ordentlicher Muth und Hertzhaftigkeit zu nennen; dann ich war in meinem Sinn nicht vergnügt, und eben darum war es mir einerley, ob ich lebte oder todt wäre. Obgleich ich ein bey der Nation angesehener Mann war, und viele mir mein Glück mißgönneten; so sahe ich doch die Sache selbst besser ein, daß ich diesem allen ohnerachtet ein Sclave geworden, und daß ein kleines Versehen, bey einem barbarischen Herrn, der Macht hatte zu thun, was ihm selbst gelüstete, leicht verursachen konnte, daß ich eben so tief erniedriget würde, als ich war erhöhet worden, ja jeden Tag mein Leben in meinen Händen tragen müste. Diese bemeldte 500 Mann zu Pferde, waren stets um mich und konnten als meines Patrons Leib-Garde angesehen werden. Es trug sich zu, daß sich ein Krieg entspann, zwischen meinem Patron und einem andern, mit Nahmen *Boâssâse* von *Thefés*, welcher als ein kleiner Fürst konnte angesehen werden, und das Haupt einer vornehmen Familie war. Diesem *Boâssâse* kam im Sinn, daß er sich eines gewissen Stückes Landes, so meinem Patron gehörte, bemächtigen wollte. Ich gehe hier die verschiedentlich vorgefallene kleine Scharmützel mit Stillschweigen vorbey, indem täglich, so lange zwo Partheyen wider einander zu Felde lagen, gefochten wurde. Hie und dort geschahen beständige Attaquen. Man bedienete sich einer andern Kriegs-Art, als in unsern Ländern, ordentlich zu Wercke zu gehen. Das mehreste beruhete hauptsächlich auf einen hitzigen Angriff. Von diesen kleinen Scharmützeln waren folgende zwey die wichtigsten: In dem ersteren waren wir glücklich, in dem andern hingegen hatte der Feind einen Vortheil. Nachdem man auf beyden Seiten einige tausend Cameele, Pferde, Schafe und dergleichen geplündert, wurde ich einstens mit 500 Pferden commandiret zu recognosciren, und wie wir bey dieser Gelegenheit bemerckten, daß der Feind sich zur Ruhe begeben, resolvirten wir einen Einfall zu thun. Solcher glückte so wohl, daß der Feind, indem er vermuthlich gedachte, unsere gantze Macht, so gemeiniglich 9 bis 10000 Mann starck, wäre zur Stelle, die Flucht ergriffe. Zwey und funfzig Köpfe führten wir mit uns zurücke, wogegen wir nur fünf Mann verlohren. Wir fertigten einen Courier ab, meinem Patron Nachricht von unserem Siege zu bringen. Wie wir ankamen, befahl der König, daß jeder, so einen Kopf mit sich gebracht, hervor treten, und solchen im Gezelte zu seinen Füßen werffen sollte. Er regalirete alle durchgehends mit Gelde, mir aber wurden insonderheit unterschiedliche Ehren-Bezeugungen erwiesen, indem den vornehmsten Bedienten anbefohlen wurde, mir aufzuwarten, und von selbigem Tage an, wurde mir das Commando über die ganze Cavallerie, welche Bedienung *Laga di Dejra*, oder Obrister über die Cavallerie, benannt wird, anvertrauet, welcherhalben ich aber mir vieler Haß und Mißgunst auf den Halß lude. Es währete nicht lange, daß ich abermals sollte einen Versuch wider dieselben Feinde thun, es geschahe auch, aber zu meinem und derer, so bey mir waren, Nachtheil. Dann da der Feind flohe, und wir ihm nachsetzten, musten wir zwischen einigen Klippen defiliren. Der Feind hatte den Paß mit Fußvolck belegt, von welchem ein Theil unseres Volcks erschossen, dem andern Theil, so sich gefangen gabe, der Paß abgeschnitten wurde, der Ueberrest aber sich mit der Flucht salviren muste. Ich befand mich unter den Gefangenen, mein Pferd war unter mir erschossen, man nahm mein Leibgehänge und spannte damit meine Hände auf dem Rücken zusammen; Fünf und viertzig von unseren Leuten, so gefangen waren, wurden massacriret, und man hatte Anfangs im Sinn, auf gleiche Weise mit uns zu verfahren, indem man aber hoffte, eine gute Rantzion für uns zu bekommen, behielten ihrer funfzehn, worunter ich mich befand, das Leben; obschon einer von meinen Dienern, so ich bey mir hatte und sonderlich liebte, vor meinen Augen erstochen wurde. Wie wir nun in Verwahrsam gebracht waren, kam des vorgemeldten *Boâssâses* Gemahlin, mit Nahmen *Elgia*, ins Gefängniß, nach türckischer Manier also verhüllet, daß nichts an ihr bloß zu sehen, als ihre Augen und Hände, so nach ihrer Gewohnheit, mit verschiedenen tief einbeissenden Farben bunt gemahlet waren. Sie kam größtentheils aus Neu-Begierde ins Gefängniß mich zu sehen, sintemalen sie vernommen, daß ich ein Christ wäre. Sie fragte: welcher es von uns sey? und nach wiederhohlter Frage, warf ich mich zu ihren Füßen, da ich ohnehin unter den andern kenntlich genug, sintemalen die Augen der andern Gefangenen nicht alleine auf mich gerichtet, sondern auch ich von den andern, an der Farbe unterschieden war. Ihre Fragen an mich waren mancherley, unter andern: Ob man in unserm Lande an einen GOtt glaubte, der über Himmel und Erde regiere? Wie ich diese Frage mit Ja beantwortete, machte sie den Einwurf, daß sie in Europa Holtz und gemahlte Bilder anbeteten. Diese irrige Meynung mag vielleicht daher gekommen seyn, daß sie solches entweder von den Catholicken gehört oder gesehen. Ferner: Ob wir Pferde, Cameele, Milch, Oel, Brod und dergleichen hätten? Endlich ging sie weg, ich rieff ihr in einem beweglichen Ton und mit heller Stimme nach, für mich bey ihrem Herrn eine Fürbitte einzulegen, worauf sie antwortete, ich sollte nicht so ruffen; Welche Worte ich also aufnahm, als ob sie zornig geworden wäre, in wenigen Stunden aber kam der Schmidt, und machte mich loß. Ich hatte hierauf die Gnade, vor dem **Schey**, welcher so viel als ein Printz bedeutet, geführet zu werden, und mir wurde zu meiner Erquickung viel gutes erwiesen. Dieser **Schey** war ein Enckel des alten *Boâssâse*, bey welchem ich also in Gnade zu kommen, das Glück hatte, daß mir nicht alleine viele Gutthaten bewiesen und unterschiedliche Dinge zu meiner Erquickung präsentiret wurden, sondern auch, daß er seinen Aelter-Vater ersuchte, daß er mich mit auf die Jagd nehmen mögte. Wie man an einem Tage, einige Stunden nach Mittage, die Pferde ein wenig bey seite geführet, belustigte sich dieser **Schey** mit denen Herren, so bey ihm waren, nach dem Ziel zu schießen. Wie ich inzwischen in tieffen Gedancken über mein Schicksal stunde, und von ohngefehr meine Augen auf die Pferde gewandt, vermeynte der junge Herr ich besähe die Pferde, und fragte mich daher, ob diese Pferde wohl so gut wären, als diejenigen, so ich zu **Constantine** hinterlassen? Ich unterstunde mich nicht diese Frage zu beantworten, bis ich mir die Gnade ausgebeten, die Wahrheit sagen zu mögen; denn ich hätte allezeit gehört, sagte ich, es gezieme sich nicht etwas anders vor großen Herren, als die Wahrheit zu reden. Ich berichtete anbey, daß die Pferde, so ich zu **Constantine** oder im Lande meines Herrn gesehen, mir wohl so rasch und schöne vorkämen. Er befahl, daß ich auf einem von diesen reiten sollte; wie ich es aber nicht sonderlich rühmte, ließ er mich sein eigen Reit-Pferd probiren. Ich flanquirte hiemit in etwas herum, und wie ich an diesem Pferde eine besondere Munterkeit verspürte, kam mir gleich im Sinn, daß mir hier eine treffliche, obschon gefährliche Gelegenheit gegeben würde, zu entfliehen. Mein Hertz schlug in meinem Leibe. O! gedachte ich, dürfte ich nur! Ich faßte kurtze Resolution, folgte meinem Triebe, gab dem Pferde die volle Sporen und entrann. Ich war schon ein kleines Stück Weges fort, ehe man meinen Anschlag gewiß wissen kunnte, sie schrien hinter mir her, und alsobald setzten 20 bis 30 Mann zu Pferde mir nach, es geschahen auch einige Schüsse, so, daß etliche Kugeln zu meiner Seite im Sande staubeten. Vor Verlauff drey Stunden aber, war ich ihnen schon zu weit aus dem Gesichte gekommen. Des Nachts ritte ich, des Tages aber bekam das Pferd etwas in den Wäldern zu fressen. Meine Speise in dieser Zeit, waren einige Früchte und eine Art Salat, so im Lande wächset. Ich brachte auf diesem Wege in allen zwo Nächte und etwas über einen Tag zu, da ich zu meines Patrons größtem Vergnügen mich wiederum im Lager einfand. Nach einer und der andern Dispute, wurde endlich zwischen meinem Patron und dem ermeldten *Boâssâse* von *Thefes* Friede geschlossen. Dieser Friede wurde meines Erachtens um so vielmehr für rathsam angesehen, als mein Patron an dem Bey, der zu **Tunis** residirete, einige Bewegungen wahrgenommen. Es kam auch endlich zu einem Kriege zwischen ihnen, wobey zwischen *Boâssâse* und meinem Patron eine genaue Alliance geschlossen wurde. Das Glück war im Anfang fast auf beyden Seiten gleich, am Ende aber bekamen wir Gelegenheit, uns mit unserer Armee in des Feindes Lande aufzuhalten. Ein halb Jahr hatten wir gegen einander in Gewehr gestanden, da es uns endlich an Proviant gebrach; dann die Cameelen, so uns Oel und Brod zuführten, wurden von einem, so meines Patrons Freund nicht war und **Murath** hieß, und an den Gräntzen des **Tunesischen** Landes wohnte, geraubet. Dieser Mangel nöthigte uns eine kurtze Resolution zu fassen, und den Feind anzugreiffen, es glücke wie es wolle. Aber, wie die Macht des Feindes stärcker als unsere, obschon wir niemals zu meiner Zeit, eine so zahlreiche Armee gehabt, welche dießmal zum wenigsten 40000 Mann starck war; so war es nöthig, gute Vorsicht zu gebrauchen und die Umstände von der Postirung des Feindes einigermassen zu wissen. Mein Patron und *Boâssâse* beschlossen, einen abzusenden, diese Dinge nach Möglichkeit zu erforschen. Wie man aber hierüber Rath pflegte, wer hiezu am besten könne gebraucht werden, fiel des *Boâssâse* Wahl auf mich. Er sagte, der Christ, der *Gassenadahl* ist gut genug hiezu: er wußte auf welche Art ich mich zuvor von seinem Enckel fortgeschlichen, und wollte mir, wann er konnte, am liebsten wiederum einen Possen spielen. Mein Patron, so mich liebete und darum ungern mir eine so mißliche Verrichtung auflegen wollte, fragte mich, ob ich Lust hiezu hätte? Ich antwortete: Hier ist nicht die Frage, ob ich Lust habe? sondern was *Afendi* (das ist mein gnädiger Herr) befiehlet. Kurtz, ich bekam seine Ordre, mit dem Zusatz, daß, wann es glücklich ginge, ich, wann ich wollte, mit Ehren meinen Abschied nach meinem Vaterlande haben solle. Ich näherte mich des Nachts zu Fuße dem Lager, das nahe bey uns stunde, aber ehe ich dahin kam, begegneten mir einige Reuter. Ich wuste in dieser Eilfertigkeit nicht was ich thun sollte, doch fiel mir ein, meinen Säbel und meine Pistolen von mir zu werffen, und mich für einen Deserteur auszugeben, der zugleich etwas wichtiges mit dem König von **Tunis** zu reden hätte, wann ich die Gnade genießen könnte vor ihm geführet zu werden. Wie diese an meinen Kleidern abnahmen, daß ich einer von den vornehmsten Officirern seyn müsse, freueten sie sich hierüber und kamen meinem Begehren nach. Der **Tunesische Bey** kannte mich alsobald und fragte mich: warum ich als *Gassenadahl* und *Laga di Dejra*, der bey seinem Herrn in solchem Ansehen stünde, zu ihm käme? Ich küßte seine Hand, und bat mir unterthänigst seine Beschirmung aus, wo nicht, wäre es eben so viel, ob ich sollte mein Leben in seinen oder meines vorigen Patrons Händen lassen, der, wie ich vorgab, mich tödten wollte, weilen an einem und andern Mangel im Lager, welches mir zur Last gelegt würde, gleich als wenn solcher sich durch mein Versäumniß eingefunden, obschon es offenbar, daß **Murath** sich unsers Proviants bemächtiget. Mein Leben wäre mir lieb, wollte er es schonen, so versicherte ich, ihm treulich zu dienen, wann er mich hiezu wollte für tüchtig ansehen. Der **Tunische Bey** zeigte sich sehr vergnügt über meine Ankunfft, und forschte genau, ob es sich so verhielte, daß in unserem Lager Mangel an Proviant und Munition wäre, wie er von einigen Deserteurs erfahren? Ich sagte ja, doch verhielte sich letzteres nicht also, dann an Kraut und Loth fehlete es nicht. Ich wurde weiter gefragt: Ob ich gesonnen wider meinen vorigen Patron zu fechten? Ich antwortete: wann ich ein Pferd mit behöriger Rüstung bekäme, wollte ich mich hiezu willig finden lassen, und dieses um so viel ernstlicher, weil ich, als ein Ueberläuffer, niemalen bey ihm Pardon zu gewarten. Es geschahe, und ich kan nicht läugnen, daß, wie ich von diesem Herrn so wohl ausgerüstet und aufgenommen wurde, wider meinen ersten Entschluß, der Vorsatz bey mir aufstiege, bey ihm zu bleiben, vornemlich da es zu vermuthen stunde, daß die **Tunische** Armee das Feld behalten, und die **Constantinische** genöthiget werden würde, entweder mit dem fördersamsten eine desperate Attaque zu thun, oder auch, wegen des ermeldten Mangels, sich über Hals und Kopf zu retiriren. Ich fand bey diesem **Tunischen Bey** guten Glauben; mir wurde erlaubt, bey der Armee herum zu fahren und die Artillerie zu besehen, wobey ich zugleich von dem Zustande unserer Armee und denen Anstalten genau befraget wurde. Zu meinem Verdruß kamen am dritten Tage einige Ueberläuffer an, die gantz wohl wußten, daß ich mitnichten bey meinem Patron in Ungnade sey, sondern urtheilten, daß ich ausgesandt wäre, die Anstalten des Feindes auszuforschen. Es hatte ein Renegate gehört, daß dieses Gerüchte vor dem **Tunischen Bey** gekommen, und fragte mich also um die Beschaffenheit der Sache? Ich that böse und wollte wissen, wer so von mir gesprochen? Er antwortete, einige von euren eigenen Ueberläuffern. Inzwischen merckte ich schon was die Glocke geschlagen, und speculirte demnach, wie ich davon kommen mögte, und machte also Mine, als wann ich einen Gang mit dem Feinde wagen wollte. Dann dieses ist ihre Weise, bald mit 100, bald mit 200 Pferden und darüber, einen Einfall auf einander zu thun. Ich bekam 100 Mann mit mir und setzte mit ihnen an; wie ich aber den Meinigen so nahe kam, als mir gut dauchte, gab ich ein Zeichen, daß ich zu ihnen übergehen wollte, welche mich dann auch mit Freuden empfingen, und zu meines Patrons grosser Verwunderung, in mein voriges Lager escortirten. Nun war ich im Stande, von allen Dingen genaue Nachricht zu geben, und rieth, noch in derselbigen Nacht den Feind anzugreiffen, und auf der Ecke einzufallen, wo er es unmöglich, nemlich von hinten an ihn zu kommen, vermuthen konnte. Die **Constantinische** waren wohl so gute Soldaten als die **Tunische**, hiezu kam die Noth, so uns zwang auf der einen Seite, und noch mehr die Hoffnung zur Beute und überflüßigen Proviant auf der andern Seite. Mein Patron hatte gewisse Belohnungen auf gewisse Dinge gesetzet, welche man sich von dem Feinde bemächtigen würde, zum Exempel auf ein Stück 1000 Thaler und so weiter. Es kam, kurtz zu erzählen, zu einer Haupt-Bataille, die so wohl für uns ausfiel, daß unser Volck nach Verlauff einiger Stunden den Feind verjagte und das feindliche Lager erbeutete. In diesem Treffen aber kam mein Patron von seinem Pferde, und wie ich mich mehrentheils nahe bey ihm aufhielte, offerirte ich ihm mein Pferd, und stand in den Gedancken, wann er erstlich im Sattel, hinten aufspringen zu wollen; wir kamen aber in solches Gedränge, daß es mir nicht möglich war, doch hielt ich annoch beym Schwantze, in der Hoffnung, mich hindurch zu dringen; indem ich aber corpulent und schwer zu Fuße war, mußte ich loßlassen, und war kein anderer Rath für mich, als mich auf die Erde unter die Erschlagenen zu werffen. Die eine Hand ließ ich ausgestreckt liegen, die andere lag unter meinen beyden Messern, so die Türcken auf der Brust tragen. Wie ich nun einige Zeit in solcher Positur gelegen, hörte ich, daß einer zu dem andern sagte: Hier finde ich einen in propper Montur, die muß ich gewiß haben. Er stieg vom Pferde, und fing an mich aufzuheben, und umzuwerffen; aber in selbigem Augenblick griff ich ihn mit der einen Hand an, und gab ihm mit der andern einen Messerstich in die Brust, also, daß er und ich nicht weniger ein starckes Geschrey machte, dann ich war so beklemmt ums Hertz, daß, wann ich nicht, meiner Meynung nach, zum Schreyen gekommen, ich Todes verfahren müssen. Des Getödteten Pferd diente mir also vom Wahl-Platze zu kommen, worauf ich abermal meinen alten Patron vorfand.

Diese Avanturen waren die vornehmsten von denen, so im Kriege vorfielen; was die übrige kleine Debatten betrifft, so ist es viel zu weitläufftig, solche anzuführen. Dann viele habe ich auf Ordre massacriret und viele ohne Ordre, indem mir in den letzten Jahren alles anvertrauet wurde, und ich vollkommene Macht über Leben und Tod hatte. Mein Patron wurde alt, und sahe am liebsten, daß die Sachen durch mich abgethan würden. Oefters, wann er sich des Mittags zur Ruhe legte, war schon eine oder andere Execution an den Straffälligen vollbracht, ehe er erwachte. Unter denen, so ich auf Befehl getödtet, liegen mir zweene Mauermeister am meisten im Sinn. Zu zweyenmalen fiel nemlich meinem Patron zu meiner Zeit ein, einen ansehnlichen Theil Ducaten in einen Thurm einzumauren. Wie der Mauermeister für seine Mühe war bezahlet worden, hatte ich den Befehl, ihm, wann er vor mir die Treppe nieder gienge, den Hals zu brechen, welches ich thun mußte, wo ich nicht meinen eigenen zu setzen wollte. Hiezu hatte mein Patron zwo Ursachen; die eine, daß die Stelle, wo das Geld lag, verborgen bliebe, die andere, weilen die Türcken in dem Aberglauben stehen, daß die Seele, dessen, so ermordet worden, gleichsam über den Schatz schwebe oder wache, daß Niemand solchen als der Eigenthümer bekommen könne. So kan der Satan sich des Hertzens eines Menschen bemächtigen, wenn er erst von einem oder andern Haupt-Laster eingenommen worden. Itzo will ich auch etwas von andern Merckwürdigkeiten melden.

Es trug sich während der Zeit, da ich ausserhalb dem Vaterlande war, zu, daß ich das Vergnügen hatte, 5 Europäer zu sehen, so vom Könige **Augusto** in Polen ausgesandt waren, sich nach der Beschaffenheit des **Africanischen Landes** zu erkundigen. Der Vornehmste unter ihnen war **Doctor Johann Hebenstreit**; auch befand sich in der Gesellschafft ein Gärtner, von der Insul **Alsen** gebürtig, der mir der Landsmannschafft wegen, desto angenehmer war; der sechste war, so viel ich weiß, auf der Reise gestorben. Mein Patron erzeigte sich sehr höflich gegen sie, und befahl, ich sollte Anstalt machen, daß nichts an ihrer Verpflegung gebrechen mögte. Es war mir eine Freude, dem Doctor einige silberne und güldene Münzen, die, so viel ich weiß, römische waren, zu verehren, obschon solche im Lande meines Patrons gefunden worden. Er bekam auch unterschiedliche Felle von Löwen, Tygern und dergleichen. Dem Gärtner war ich behülflich unterschiedliche Gewächse, Wurzeln und Blumen zu sammeln. Letztern verwahrte er in einem eigenen Buche zwischen grau Papier. Der Doctor war einige Meilen fortgereiset, ein altes verfallenes Gebäude, deren unterschiedliche im Lande gefunden werden, und woran annoch zu erkennen, daß sie zu ihren Zeiten kostbar gewesen, zu besehen. Bey diesem Gebäude wurden einige Steine gefunden, worinnen in alten Zeiten lateinische Buchstaben gehauen. Wie mein Patron durch mich fragen ließ, was rares der Doctor dorten vorgefunden, wurde ihm zur Antwort ertheilet, daß der Doctor sich bey diesen Inscriptionen so vergnügt bezeiget, als wann er einige 100 Ducaten gefunden. Hierüber lachte er hertzlich sagte: **O! was sind die Christen für große Narren.** Ich weiß gewiß, der gute Doctor würde mir gerne meine Dienste bezahlet haben, aber ich gebrauchte kein Geld, verlangte aber doch ein teutsches geistreiches Buch zu sehen, dann meine Eltern hatten die Vorsorge für mich gehabt, mich, ehe ich auf die See kam, im Lesen und Schreiben unterrichten zu lassen. Meines Wunsches wurde ich gewähret: dann sobald der Doctor **Hebenstreit** in Sachsen angekommen, sandte er **Speners Reise-Postill**, worinnen er forne seinen Nahmen mit dem Wunsche meiner Befreyung geschrieben, über **Livorno** und **Algier** nach **Constantine**. Selbiges Buch habe ich annoch in meiner Verwahrung, und zu seinem Gedächtniß mit mir nach **Amrom** gebracht. Er hatte auch ein Buch bey sich, worinnen verschiedene Freunde und Gönner ihren Nahmen geschrieben, dieses präsentirte er mir in der Absicht, in selbiges meinen Nahmen und Geburths-Ort einzuzeichnen.

Acht Jahr war ich in **Africa** gewesen, wie mein Patron beschloß, eine Caravane nach **Mecca** in **Arabien** anzustellen, welchen Ort die Türcken heilig halten, weilen ihr Prophet **Mahomet** daselbst gebohren. Diese Caravane oder Reise-Gesellschaft bestand ohngefehr aus 6000 Mann, von welchen 4000 auf eigene, aber 2000 auf Kosten meines Herrn reiseten. Das Beschwerlichste bey dieser Reise war, daß es an vielen Stellen an Wasser, welches auf Cameelen in großen ledernen Schläuchen mit uns mußte geführet werden, gebrechen wollte. Wir kamen unterwegens, auf dieser Seite von **Mecca**, zu der Stelle, wo **Hagar** vormals mit ihrem Sohn wegen Wasser-Mangels in

Noth gewesen. Der Brunnen, so heilig gehalten und daselbst vorgezeiget wird, heisset auf ihrer Sprache *Il me Sim Sim*. Es gingen 13 Monathe vorüber, ehe wir diese Reise vollendeten. Mein Patron wurde, der, bey dieser Reise bewiesenen Andacht halber, mit dem Zunahmen **Hatje** das ist: der **Heilige**, beehret. Einige Zeit hernach, wurde eine Verbindung gestiftet, zwischen einer von meines Patrons Verwandtinnen und dem Könige zu **Marocco**. Ich wurde mit einigen andern erkohren, diese Prinzeßin dorthin zu führen, hatte aber eben so wenig die Ehre ihr Angesicht zu sehen, als der Gemahlinnen meines Patrons, obschon ich so viele Jahre in seinen Diensten gewesen. Sie wurde von einem Cameel getragen, worauf ein Verdeck, wie eine Portechaise, gebauet, und selbst war sie am gantzen Angesicht verhüllet. Der König zu **Marocco**, bey dem ich meine Aufwartung machte, war zur selbigen Zeit *Sidim Mahomet*, *Mula Debbi*, wovon die beeden letzte Worte zu seinem Titul gehören, und so viel, als ein **Herr über das Gold**, sagen wollen.

Einige von den merckwürdigsten Dingen im Lande, worinnen ich gefangen war, sind meines Erachtens folgende: Es wird zwischen **Algier** und **Constantine** ein Stein von ziemlicher Größe gefunden, so von aussen und innen grüner Farbe. Wann etwas von diesem Stein pulverisiret und eingenommen wird, sagt man, daß er das Fieber curire, und wird solcher auf ihre Sprache: *Hedjar Sidna se Eisa*, **des Herrn Christi Stein** genannt, dann man hat eine Tradition, daß der Herr Christus auf dieser Stelle mit seinen Jüngern geruhet habe.

In einem großen Land-Dorffe **Omgaus** genannt, sollen einige begraben liegen, welche sie die Sieben-Schläfer nennen. Wann etwas gestohlen ist, wird der Verdächtige dorthin über diese Gräber geführet, da er schweren muß, daß, wann er schuldig, er nicht davon gehen möge, ohne am Kopff, Arm, Bein oder anderem Gliede Schaden zu nehmen, wie es denn niemals (wie die Türcken sagen) fehl schlagen soll, daß der Schuldige nicht Schaden nehme.

Noch wunderbarer verhält es sich mit einigen Leuten, so sich hin und wieder im Lande aufhalten, und für die Geistliche der Türcken können angesehen werden und **Maroboth** heissen. Durch diese werden, dessen ich selbst Zeuge bin, wunderliche Dinge ausgerichtet, ob es durch des Teuffels Kunst geschehe, weiß ich nicht. Ich selbst habe gesehen, daß sie durch ihr blosses Hauchen Feuer angemacht, zum Exempel, durch Anhauchen, eine Pfeiffe Taback angestecket.

Auch war ich gegenwärtig, wie folgende Historie sich zutrug: Die eine von meines Patrons Gemahlinnen, bekam eine Geschwulst über dem Magen, als von einer Wassersucht. Es wurde ein **Maraboth** gehohlet und um Rath gefraget. Dieser ließ eine von ihren Cammer-Mädgen hohlen, und wie er ein kupffernes Geschirr auf glüende Kohlen gesetzet und einen Theil Weyrauch darauf geworffen, nahm er die Hand des Cammer-Mädgens und befahl, daß sie, nachdem er in der Hand einen Kreiß von Baumwolle gemacht, und mitten drinnen etwas Oel gegossen, solche über den Rauch halten sollte. Hierauf fing der **Maroboth** an, vieles und mit großer Heftigkeit herzuplaudern, worbey es mir vorkam, daß viele fremde Wörter aus allerhand Sprachen zusammen gemischet waren. Gewiß genug war es, daß ich nichts von allem dem verstehen kunte, was er mit erhabner Stimme vorbrachte. Er fragte inzwischen: Ob sie etwas in ihrer Hand sähe? Sie antwortete: Nein. Hierauf fing er aufs neue mit eben der Heftigkeit an, da sie zuletzt rieff: Ich sehe viele Leute. Er fragte: Was für Leute? Sie antwortete: Vornehme Leute, welche **Divan** halten wollen? Er sagte: Frage Sie: Was der Frauen fehle? Sie: Sie sagen, daß sie auf einer bösen Stelle gewesen, wovon sie Schaden genommen. Er: Frage, welchen Rath man zu gebrauchen habe? Sie: Sie sagen, man solle die und die Kräuter nehmen und solche kochen, hievon solle sie trincken und mit diesen Dingen solle sie sich baden. Es geschahe, die Frau wurde gesund, das Cammer-Mädgen aber fiel in Ohnmacht, wurde als todt weggetragen und kam in den ersten 24 Stunden nicht wieder zu sich selber. Einige Zeit hernach fragte ich sie: Ob sie nicht etwas gehört und gesehen? Sie antwortete, daß sie von keinem Dinge zu sagen wüßte, ausser daß sie in meines Patrons, eines **Maraboths** und meiner Gegenwart, ihre Hand hätte in einem Rauch gehalten, den der **Maraboth** angemacht. Viele andere Dinge geschehen durch diese Leute, als zum Exempel, daß sie können den Arm in den Leib eines Pferdes jagen, also, daß er mit Blut gefärbet ist, wann sie solche wiederum herausziehen, hierauf sprechen sie einige Worte, lassen dem Pferde gleich darauf zu essen und zu trincken geben, worauf man an selbigem nicht das allergeringste wahrnehmen kan. Sie wissen dem gestohlnen nachzureisen, und was solcher Dinge mehr seyn können. Einige von diesen Leuten gehen in schönen grünen Kleidern, welches, wie sie sagen, Christo zu Ehren geschehen soll, weilen sie vermeinen, diese Farbe gefalle ihm, vorermeldten grünen Steins wegen. Einige hingegen gehen in gantz geringen Kleidern einher. Es wird auch in Lande ein Thier gefunden **Dyx** genannt, das sich mehrentheils von wildem Honig ernähret, und einige Aehnlichkeit mit einem Schweine hat. Von selbigem wunderlichen Thiere haben die Türcken die Meinung, daß es zuvor ein **Maraboth** gewesen, oder daß die Seele eines **Maraboths** in selbiges gefahren. Die Ursache ihrer Präsumtion ist diese, weilen das Thier, wann man ihme einen Brief oder ein Blat aus einem Buche giebt, das Papier in den fördersten Füßen nimmt und vor sich hält, hierauf beginnet vielfältig zu plaudern, gleich als wenn es lesen könnte, und wann man das Papier von ihm nehmen will, zornig wird und es in Stücken reißet.

Ich komme aber wiederum zu meiner eignen Historie, insonderheit zu meiner Loßgebung, so nicht lange nach dem letzten Kriege mit **Tunis**, erfolgte. Mein Patron hatte mir hierüber seine Zusage gegeben, und einer von den Bedienten des **Bey** zu **Algier** legte Fürbitte für mich ein.

Selbiger war dessen *Gassenadahl* und darneben sein Schwester-Sohn, mit Nahmen *Ali Goje*, der nach meiner Abreise **Bey** oder **König** zu **Algier** soll geworden seyn. Er stellete meine treue Dienste, und verschiedener Expeditionen glücklichen Ausgang vor. Es war auch die höchste Zeit, wie meine Dimißion mir zugestanden wurde, dann mein Patron hatte schon das 95 Jahr erreichet, als, daß ich jeden Tag mußte eine Veränderung vermuthen, bey welcher es schlecht für mich würde ausgesehen haben, vornehmlich da diejenigen, so am meisten in Gnade gestanden, von dem folgenden Regenten am meisten, des Geldes wegen, pflegen geplagt zu werden, und wann dessen Begierde unersättlich, werden oft diejenigen zu Tode gepeiniget und geplaget, von welchen sie suchen größere Capitalien, als das Land zu wege bringen kann, zu erpressen: wie dann gleicher Gestalt die Geld-Begierde fast meines Patrons Haupt-Laster war, obschon ich ihn eben nicht des Geitzes beschuldigen kann. Ich hatte zwar wohl im Sinn, wann sich ein Todes-Fall sollte ereignet haben, zu einem meiner gnädigen Frauen Brüder zu fliehen, dem ich angelobet, so es mir irgend möglich seine Schwester zuzuführen. Ich hatte auch ihm 1000 Ducaten zur Verwahrung anvertrauet, indem ich aber nicht so lange wartete, verdroß es mich nicht, sie im Stiche zu laßen. Des Abends zuvor, ehe ich von **Constantine** zog, hatte ich annoch mit meinem Patron verschiedene Discurse, und wie man zur selbigen Zeit in einem Gezelt, nicht weit von meines Herrn Gezelt, einen Lerm hörte, fragte er: Was zu thun sey? Ich antwortete: es wären die Mohren, welche einen verstorbenen Amtmann ihrer Nation, beklagten. Ja, sagte er, er ist ietzo wohl daran, aber du, wo gedenckest du hin? Siehe! Du reisest ietzo von hier, du gehest weg und stirbest heute oder morgen, ich nehme keinen Theil an deinem Verderben, es sey auf deinen Schultern, denn ich habe dir zu deinem Besten gerathen, deine Verantwortung wird darum größer seyn, weilen du, weit vor deinen Mitchristen Gelegenheit gehabt hast, ein Muselmann zu werden. Den Tag hernach, ging ich, wie ich reisefertig war, zu meinem Patron, küßte ihm die Hand und sagte: *Afendi!* Ich dancke für das Brod und den Sold, so ich nun in 12 Jahren von Ihren Händen empfangen, ich erbitte mir Ihren Seegen, und die Vergebung derer Dinge, worinnen ich mich versehen haben mögte. Seine Antwort war diese: Ich dancke dir Capitain für deine Dienste und habe ich dir etwas zuwider gethan, wollest du es mir gleichergestalt verzeihen. Bey den letzten Worten, weinte ich und umfaßte seine Knie, der alte Herr aber richtete mich auf, und legte, indem man die Thränen auf seinen Wangen sehen kunte, seine Hand auf mein Haupt, und sprach: **Fahre mit GOtt, nimm dich in acht für starckes Geträncke, für Weibes-Volck und für die Juden zu Algier, daß sie dir nicht dein Geld ablauren.** Hierauf ertheilte er mir einen Paß auf Pergament, so ich zu **Algier** könnte vorzeigen. Wie ich daselbst ankam, fragte mich der dorten gegenwärtige **Bey**: Wie lange ich zu **Constantine** gewesen? Ich antwortete 12 Jahr. Wohl sagte er, ietzo kanst du mir wohl eben so lange dienen; wie ich hierauf antwortete: daß ich es für eine Gnade achten würde, einen so vornehmen Herrn aufzuwarten, sagte er; du meynest es nicht und setzte ein kleines Scheldwort hinzu, gab mir aber doch so viel an Golde als 7 Reichsthl. und theilte mir ohne Bezahlung einen Passeport mit, so sonsten über 70 Rthlr. gekostet haben würde, sagend: Deines Herrn und deiner treuen Dienste wegen, verlanget man nichts. Indem er aber sich gegen einen andern Herrn so bey ihm war, wandte, sprach er: Ist es nicht eine Schande für uns? Wir erwerben die Christen mit unserm Blute, und hernach lassen wir sie aus dem Lande gehen mit unsern Mitteln. Dann es war ihm bekannt, daß mein Herr mich behalten lassen, was ich dorten besaß, obschon ich meine Mittel weit höher hätte bringen können, wenn ich mich nicht in solcher Eil genöthiget gesehen, sie zusammen zu sammlen, und viele Dinge für den halben Werth verkauffen müssen. Folgende Historie wurde mir dorten erzählet: Vier oder fünff Sclaven zu **Algier** hätten mit einander in der Stille überlegt, ein Boot zu verfertigen, und hiermit in die Christenheit zu entfliehen. Einer von Ihnen hätte die Abrede genommen, daß sie des Abends, da sie zu entfliehen gedächten, sich sollten mit dem Boote bey einem gewissen Garten einfinden, der seinem Patron gehörete, und parat seyn, diejenige Person einzunehmen, die er bey einer Laterne ihnen zuführen wollte. Inzwischen wäre dem Patron eine silberne Kumme weggekommen, und der Sclave nicht ohne Ursache dessen beschuldiget worden; er hätte aber vermeynet hierum zu wissen und hingegen gesagt, eine Kunst in Europa erlernet zu haben, dem verlohrnen nachreisen oder entdecken zu können, welches, wie er vorgab des Abends geschehen sollte. Er hätte zu dem Ende den Patron mit sich bey einer Laterne an den Garten geführet, und vorgegeben, daß das Gestohlne daselbst sollte gefunden werden. Wie er ihn hätte herum geführet, wären sie zuletzt an die Stelle gekommen, woselbst die andern gewesen, und hätte gesagt: hier soll es sich finden, da jene sich des Türcken bemächtiget und ihn mit sich in die Christenheit geführet.

Meine Reise ging über **Marseille**, **Lion**, **Paris** und **Hamburg**. In **Paris** sahe ich annoch mein voriges Pferd, auf welchem ich von *Boâssâse* entwichen, dann es wurde von mir an den frantzösischen Consul zu **Algier** verkauft, von dem es auf des Königs Stall gekommen. Wie ich zu **Hamburg** ankam, kam mir mein Vater **Oluff Janßen**, welcher annoch im Leben ist, und zwey Jahr zuvor zu meiner Rantzion 800 Marck weggesandt hatte, entgegen; wie er aber auf Schreiben des Kauffmanns in **Hamburg** kam mich abzuholen, mußte er zu seinem großen Leidwesen vernehmen, daß man gefehlet hätte, wo nicht in dem Nahmen, doch in der Person, indem ein Soldat aus Bremen für diese Geld-Summe loßgegeben worden. Meines Vatern Geld war weg und sein Sohn gleichwohl in der Türckey; doch wie er kurtz hierauf Brieffe von mir, von meinem Wohlstande und der Hoffnung zu meiner gewissen Erlösung erhalten, gab er sich einigermassen zufrieden. Seine Hoffnung wurde erfüllet, da ich das Früh-Jahr hernach ankam und er abermals sich zu **Hamburg** einfand. So wenig er aber ersteren kennete, so wenig kunte er ietzo mich erkennen. Er hatte mich nicht gesehen, seit dem ich ein Knabe von 14 Jahren, ietzo aber wohl gewachsen, anbey corpulent und mit zierlichen Kleidern angethan war. Ich kam also gesund und vergnügt wiederum in meinem Vaterlande an, fast um selbige Zeit als ich vor 13 Jahr gefangen worden, und brachte an raren Kleidern, Meublen und baarem Gelde ziemliche Mittel mit mir, welches alles ich mit Vorwissen meines Patrons, mit mir aus der Türckey genommen. In **Tundern** hatte ich die Gnade dem Hochseel. Könige Christian dem

Sechsten vorgestellet zu werden, welcher sich allergnädigst gefallen ließ, etwas von denen Dingen anzuhören, die sich mit mir zugetragen. Kan ich dann mich nicht selbst mit **Joseph** in Ansehung seiner Unschuld vergleichen, so kan es doch einigermassen in Absicht auf sein Glück geschehen, und mein alter Vater hat etwas vom Schicksal **Jacobs** erfahren, sowohl in Ansehung seiner Betrübniß als Freude über mich, indem er vorher eben so wenig glauben konnte, daß es mir so wohl ginge, als jemals gedencken, mich wieder zu sehen. Der Gott Abrahams, Isaacs und Jacobs, der mich bis diese Stunde unter vielen Gefährlichkeiten erhalten, gebe mir seine Gnade, damit seine Furcht mir vor Augen sey, daß ich mit **Joseph** für alles das Böse, so ihm zuwider, mich hüten, und in Ruhe, Glauben und Zuversicht zu ihm, von dem Getümmel und Unruhe dieser eitelen Welt entfernet, den Rest meiner Tage zubringen möge.

9 789356 710290

Printed at Repro India Ltd.